Laurence Leblanc

Les Maux Passants

DE CAMUS A LA FONTAINE

En lisant mes écrits
Braves gens
Soyez donc indulgents
Car mes écrits sont venus de nuit

Cruels
Mais si réels

Il faut que je vous alarme
De ces drames
Qui se trament
Et dont je n'ai aucune arme !

Comme Camus Albert
J'ai préféré aux revolvers,
Ces quelques vers !

Bercée par La Fontaine
Je n'ai donc eu aucune peine

Amicalement, Laurence

Dessin de Vincent Ferniot
lors de sa venue dans le Gers, à Condom, en 2015

PRÉFACES

« *Il n'est de sujet préoccupant de nos sociétés emballées que Laurence n'ait, sur un coup de crayon ironique, porté à réflexion. Lisez, partagez, et toi, Laurence, continue.* »

Natacha Atlas

Laurence
Elle prend son styl'haut
Elle note quelques mots
des maux... démo
des beaux, des bobos,
qui font une fabli 'haute
pertinente
rigol'haute !
Ave toute mon amitié

Amandine

LA POULE AUX ŒUFS D'OR

Œufs industriels
Au goût de fiel.
Produits à foison
À tort ou à raison.

Réglementation,
Dans notre alimentation,
Reste notre seule protection,
Face aux tentations.

Plus qu'eux
Sur le marché.
Finis les œufs
De mémé.

La poule pondeuse
Moins onéreuse
Remplace
La poule qui pond
Pour pas un rond.

Et soyons sages
Ce n'est pas en cage ;
Que demain
Naîtront leurs poussins.
Hein !

Coco rit
Coco
Et Henri 4
En rit
4 4 4 ! cadet...
À se plier en 4

TOUR À TOUR

L'édifice
Aux nombreux sacrifices
Fatigué
De ces siècles passés
S'effrite
Sur le sol qui crépite.

Guerre et tempête
Ont été sa défaite.
De sable et de pierres
Pourtant si peu cher
Est l'essentiel
Pour regravir le ciel !

Pas d'argent ?
Ou pas assez de gens ?
Pour ces monuments ?

Dommage !
Qu'ils s'endommagent !
Et qu'ils perdent leur image !

Tour à tour,
Châteaux et tours
Tomberont à leur tour…

Tourni coti, tourni coton !
A nous donner le bourdon !

LES VAMPIRES (Les pires-vent)

Grandes enseignes !
On saigne !
Les petits commerçants
N'ont plus de sang.
Ils saignent.

Terribles hémorragies
La disparition des petits.
Mêmes chaussures...
Mêmes coiffures...

Terrible destruction :
La mort de nos régions !

Les petites fermes
Ferment.
Plus de veau
Ou ce qu'il reste...
Ce qu'il vaut ?

Soyons fermes
Mettons un terme :

Artisans, paysans,
S'il vous reste encore du sang,
Soyez nos partisans,
Allez dans le bon sens.

Pensez au passé !...
La tempête passée
Ces « pires vents »
Auront su chasser
Les vampires

Et...
Bon Vent !

BÊTISES EN CAPSULES

Jouer avec les cellules !
Attention en avalant la pilule !
Nous allons gagner le gros lot !
Vont-ils devenir escarbots*
Les escargots ?...
Sauront-ils voler ?...
Comme les scarabées...

Au risque de tomber de haut !
Et de descendre de l'escabeau
Palmipèdes sans plume,
Plus de peaux sur les agrumes,
On se prend pour Hercule ?

– Comment, ce morceau a encore augmenté ?
– Oui, mais soyez tranquille, à la cuisson il va diminuer........

Mystère sur la viande
Née de cellules,
Là ; j'appréhende...
Pas de propagande !

Il faut faire attention.
Toutes ces transformations,
Au service de la Nation,
Sont loin d'être équipollentes ;
N'essayez pas d'ouvrir la fente
Car, dure sera la descente.

Lourde sera la rente.
Nous sommes sur une mauvaise pente.

Il y a des choses qu'on ne dit pas ....

BOUTONS DE PRESSION

Pile de textile
Sans aucun style.
Fabriqué par des ouvriers
À peine l'enfance passée.

Aux yeux ronds ribouleurs
Sans expression
Par trop de pression
Cousant les boutons
Des kilts et tailleurs
Du monde de la possession.

Vêtements à moindre coût
Qui leur tordent le cou
Travail à la chaîne
Forgent leurs chaînes.

Prisonnier libre…
Pour que madame brille !

Respect de personne :
Containers qu'on empoisonne
Enfants qu'on frictionne
Pour des chiffons
Qui nous donnent des boutons

Ainsi font, font, font
Les petites mains ! Honnêtes !

APPRENDS L'TISSAGE !

Dans l'fond !
Pour ne pas toucher le fond.
Ne pas couler
Il faudra encaisser.

Apprenti sage !
Apprends l'tissage !
Trame ta toile
Pour mettre les voiles.

L'apprentissage,
Est un mode sage
Qui éloigne le chômage
Et sera tes bagages.

Ces connaissances
Donneront naissance
À un métier
Dont tu seras l'héritier !

D'un dos en nage,
Tu brasseras les images.

Allez ! Jette-toi à l'eau,
Oh hé, oh hé, matelot !

Ce n'est pas la mer à boire !
À toi de voir…

Et, c'est à l'œuvre qu'on reconnaît L'artisan
Bon sens !

T'AS, LE BLUES ! FAUT QUE TU JASES

T'as le blues
Faut que tu jases
Jalouse
De ma blouse
Pourtant
Il y en a tant
Chez le marchand
Essaie
L'essai
Est concluant.
Tu ne compteras plus ton temps
Par tous les temps
Tu porteras ton tablier,
Te faisant oublier
Le déversoir du sablier
Et du gagne-denier.
Fini le blues
C'est pas du blues
Tu comprendras
Que t'étais bien dans tes draps.
T'en auras plein le dos,
Tu feras le gros dos.
Éreinté
T'iras te coucher
Auprès de ton jazz

Écoute le morceau
De blues ou de jazz
Pour ne pas tomber de haut.
Ainsi la jalousie
Bannie !
Finies les langues qui jasent
Pour de la musique de jazz

HÉLAS ! TIC ! (Élastiques)

Les dés
Sont jetés
Pour des idées !
Fermeture en un éclair
Tout ça, n'est pas très clair !
Le mot hélas, devient un tic
Quand ferment les fabriques
Aux bénéfices très élastiques.
La dentelle de Calais,
Aux fils loin d'être laids,
Disparaît
Pourtant elle plaît.
Attention
Aux imitations !
Usine à boutons
On a les jetons
Où sont les patrons ?
Faut-il sortir son
épingle du jeu
Pour ne pas devenir
comme eux ?
De fil en aiguille
Tout vacille !
Là ! Y'a un hic !
Qu'est-ce qu'ils fabriquent ?

LES FILS LAIDS (LES FILETS)

Pêcheur assassin,
Aux puissants engins,
Abandonnés tes filets en mer,
Viens-tu d'une autre ère ?

Des milliers d'animaux marins
Sont en déclin
Tu n'es pas malin !

Exploités de façon effrénée
Bientôt plus de questions à se poser

Tout le monde aura faim
Si tu n'y mets pas un frein

Quand tu passeras la main
Il ne restera plus rien
Il faut penser aux tiens !

Ne considère pas les mers
Comme une ressource illimitée de nourriture
Là, tu te lances dans une triste aventure.

Il te faut arrêter,
Pour ne pas passer dans les mailles du filet.

Car tu finiras marin d'eau douce !
Et là, hélas ! Petit mousse
Je ne me moque pas de ta frimousse.

L'ART DES CLOCHES (les clochards)

C'est dans la rue
Que des hommes perdus
À peine vêtus
Une main tendue,
Attendent un écu.
Des cloches sermonnent
Et éperonnent
Ces pauvres gens
Qui eux s'étonnent
D'un regard indulgent.
De tous les temps,
Clochards mendiants
Sortent leurs mouchoirs
Sur le trottoir.
Sonner les cloches
À un clochard

Est presque un art
Pour ces bâtards*.
Pour que cela finisse dare-dare,
Un coup de pied dans le dard !
Il n'est jamais trop tard.
Quelle tristesse !
Tous ces hommes en détresse !
Aidez nos S.D.F. en faiblesse
Ne sera point une prouesse !

*Bâtard petit pain ! Donc un Petit homme.

LES BIJOUX RIENT ! (Les bijouteries)

Dans des vitrines
Très clean
Coquillages et coraux
Sont derrière les carreaux

Pêchés de jour comme de nuit
Mais sûrement pas à l'infini !

Coraux extraits des récifs
Aux explosifs
Du côté de la Tanzanie
À en être abasourdi

Plusieurs siècles de croissance
Ces actes n'ont pas de sens

Pêcheur à la dynamite
N'a point de limite

Corail du monde entier
Tu es menacé
Tout ça pour des bijoux et
Objets insensés.

Il n'y a pas de quoi en rire
Et c'est bien là le pire
Car,
Et c'est pas rare,
Pour quelques carats

Les bijouteries
En rient

PAS DE PORTE

Personnes âgées
Non remplacées.

Pas de reprise
N'est point une surprise.

Trop compliqués
Sont ces métiers.

Des cordonniers
À l'épicier
Ils sont en train de plier !

Les teinturiers sont des eaux-fortes,
Les serruriers ferment les portes.

Marchand d'couleurs...
Attend son heure.

Les drogueries
Sont groggy !

Charcuterie !
Poissonnerie !
Sont en sursis !

Quant aux chausseurs !
Ils passent un sale quart d'heure !

Ce monde antique,
Très sympathique
Fut ces petites boutiques !

EN PÂTISSE… RIT

Aimer les gâteaux
Est l'un des sept péchés capitaux.

Dessert sous plastique
Est devenu un tic
Dans certaines boutiques.

Goûter
Sans compter
Tablettes et tartelettes
Épaissiront votre silhouette,
Vous mettant mal à l'aise
Par des formes obèses.

Gâteaux sans œufs
Sachez vous détourner d'eux.

Pâtisseries de la malice
Ne soyez pas complice
Car ce serait un vice.

Pâtissier est un métier
Que cela se dise
Qui vous offre des gourmandises
De vrais délices !

La pâtisserie
En rit

IRONIE DU SORT

Les étés
Ont perdu de leur gaieté.

Reviendras-tu
Couver ta tribu
Belle étrangère
Qui pondait sous l'étagère ?

Peut-être dérangée
Par moins de foin engrangé ?
Moins de granges
Cela te dérange ?

Moins de bétail
Donc, moins de victuailles
Tu ne franchis plus le portail.

Ou, empoisonnée,
Par des produits qui sont nés.

À peine te voit-on dans le ciel !
Voles-tu plus haut que la tour Eiffel ?

Pour des nouvelles,
Irons-nous
Hirondelles,
Vous chercher dans les missels ?

Texte dédié à mon époux
Patrick Leblanc

SANG QUI GÊNE !

Pousser les indigènes
Car ils gênent
En faire des pantins
Pour voler leurs terrains

Sursis éphémère
Pour nos pauvres frères
Sur notre Terre Mère
Pour des parcelles qui leur appartiennent
Et qui attirent les hyènes

L'agriculture intensive
Très active
Veut semer son soja
Et pour cela
Elle n'a peur de rien
Même de payer ses terriens
En billets de train

Sang qui gêne
Sans aucune gêne
Ils les dépossèdent
Car cela est dans leurs gènes.

UNE AUTRE ÈRE !

Pourtant !
Patrimoine vivant
Tu reviens dans le vent.

Le bleu de Lectoure
Vaut le détour.

Bleu de pastel.
Aux ingrédients naturels
Tu nous donnes des ailes.

Ne laissez pas aux greniers,
Ce savoir-faire.
Ces ateliers
Sont plus que des métiers.

Ils ne sont pas de fer.
Venez dans notre atmosphère !
Cette crucifère
Sait y faire !
Et a l'art de plaire
Elle vous fera changer d'air !
Par un grand bol d'air !
Auprès des fleurs du bien !
Au son de Baudelaire
Vous ne regretterez rien.

LA MER A BOIRE !

La mer Méditerranée
Est presque fanée,
    L'Atlantique
      Est remplie de produits chimiques,
L'Océan Pacifique
Dépossédé de ses poissons de manière tragique !
La Mer Baltique
Reste sceptique
    Derniers poissons pêchés
    Semblaient à demi marinés

Désert écologique
Fut la logique
    L'Antarctique
    Reste
presque identique
Quant à l'Arctique
gelé,
Trop dur à exploiter

N'est presque pas attaqué
Réduite de moitié,
    La Mer Aral :
    Râle
      Éclaboussée par ses rafales
Aussi, je ne porterai pas de gants
Pour vous dire : ce sera la mer à boire.

UNE DÉPÊCHE : DÉPÊCHE-TOI

La pêche à la main
Ne ressemble en rien
À celle des fonds marins.

À cette dernière
Poissons et pierres
Meurent sans aucune prière.

Pour quelques rougets
Des milliers de sujets
Sont mis au rejet.

Pêche à scandale
À écrire dans les annales
Pour ne pas être banale.

Notables !
Êtes-vous capables
De façon irrévocable
De bouder à vos tables
Cette pêche détestable
Acceptez leurs procédés
Et bientôt vous jouerez
Au marchand de sable
Avec le diable.

Bonne nuit les petits !

À COURT D'EAU

Inondations
Qui arrivent dans les maisons
À faire peur aux poissons.

Apprendre la natation
Pour vivre dans nos habitations ?

Haies arrachées…
Champs agrandis…
Forêts couchées…
Bonjour les ennuis !

La rivière sort de son lit,
Y'a de l'eau jusqu'aux berceaux
Nous écoperons toute la nuit
Puis ramasserons les oripeaux.

Arrachés les breuils
Nous ferons notre deuil !

Sous les cascades
Nous ferons la caristade !

Replantons par masse
Avant de boire la tasse !

De ces cours d'eau…
Nous ne serons pas à cours d'eau !

Ça coule de source !

DRÔLE DE FAIM
DES HYPERS MALINS

Ça ne tourne pas rond.
Les gros poissons
Ont bouffé les verrons.

Plus rien à se mettre sous la dent
Mangeront-ils leurs excréments ?

Que feront-ils
Face aux reptiles
Tous ces requins
Qui bouffent sans faim ?

Quand il n'y aura plus qu'eux !
Ils boufferont sûrement
leurs œufs
Ces grosses baleines
Que rien ne freine !

Et tout cela ne tient qu'à un fil
Poisson d'avril...

Pour que ça rentre dans
l'ordre
Y aura du fil à retordre.
Quelle drôle de fin !

TÉLÉVISION

Nombreuses chaînes
Mais peu nous déchaînent

Finis les fantastiques
Les humoristiques
Qui nous tordaient l'appendice
Dans les années 70
Où les taux d'indice
Rassemblaient les auditeurs
Remplis de bonheur
Faisant exploser les compteurs !

Objet de présence
Dans les résidences
Trop de violence
Pour l'adolescence
Et pour la petite enfance,
Trop de robots,
Qui ne sont même pas beaux !

C'est d'un regard navrant
Que des parents
Presqu' impuissants
Regardent ce monde déclinant !

CHANTONS EN CHŒUR !

Comme je ne comprends rien
Comme la plupart des miens
Parlant pas l'anglais
Tout le texte me déplaît !

Ne pouvant point vous suivre
Rien ne m'enivre.

Chansons d'aujourd'hui
Chansons qui m'ennuient
Rien ne frappe mon ouïe !

Où sont les chanteurs de bonheur
Qui enflammaient nos cœurs ?

Où l'on chantait sur Dassin
Dans les années quatre-vingt !

Chanson française
Chantée en français
Tous tes couplets
Même les navets,
On les chantait,
Et leurs refrains,
Se claquaient dans nos mains.

Peut-être demain
Vous reviendrez en vain
Avec des textes divins.
Où sont les écrivains ?

VOIS-TU ?

Toutes ces voitures
Sont nos montures.
Des gens compétents
Taxent les carburants

Dans cette course
Aux ressources
Sans que cela paraisse
Ils abusent de cette faiblesse.

Le prix de l'essence
N'a aucun sens
Celui du gasoil
Nous met à poil

Ces carburants
Nous glacent le sang
Tous ces liquides si permanents
Font :   que la banquise fond.

Tout ça n'est pas surprenant
Mais pourtant
De ces bolides, nous en sommes contents !
Tout cela se paiera au comptant !

L'ÉCAILLE

Des braconniers
Ont retourné
Sur le dos
Des tortues
Pour les tuer
Aux couteaux

Les petites
Ce n'est pas un mythe
Seront vendues
Sous l'pardessus

Les grandes
Feront l'objet de contrebande
Pour finir en objet
Et plus tard aux déchets.

Il faut être tordu.
Pour torturer des tortues.

Mais leurs écailles
Attirent les rats et les cailles…

BELLE COMME UN THON

Néanmoins
Nez-en moins
Dans l'usine à poissons
Baleines et thons
N'ont plus de tronc.

Monde moderne
Qui tue les baleines
Pour graisser croquenots et sabots
Mais aussi farder nos peaux.

Finir en bâtons
Sur lèvres et mentons
Nous le regretterons
Gros sacrifices
Aux grands supplices
Pour quelques
artifices.

Sur leurs trébuchets
Derrière les guichets
Ils comptent la
monnaie.

GRATTE-CIEL

Des lumières étincelantes
Presque insolentes

Éclatent sur les buildings
Au grand standing

Étalant notre extrême prodigalité en publicité
Triste fatalité

Habitations dans le ciel
Tours résidentielles
Tu abîmes le milieu naturel

Tu gaspilles
Tandis que des familles
À Manille
Cherchent dans les dépotoirs
Des aliments aléatoires

En marchant sur les trottoirs
Pense à cette histoire.

SAVON NET   (savonette)

De la chiffonnette
À la balayette
Tout sera net !
Dans nos habitations
Trop de poison.

Ménageons notre maison.
La pollution
Par certains savons
Ce n'est pas bon.
Propre mais dangereux
Préférons, la poussière du poil soyeux
Nos habitats
Sont dans un bel état
Mais soyons honnêtes
Nous le savons
Que leur fabrication
N'est pas toujours très
nette

Ne tirez plus sur l'hameçon
Car lourde sera la rançon

De toute façon
Toutes ces leçons
Nous les appliquerons
Avant de s' prendre
un savon.

L'ABEILLE

L'hyménoptère
Vole dans les airs
Même pas en colère

Butinant l'achit
Rempli de produit
Quel gâchis

Pire que l'aconit
Toutes ces acrimonies
La plongent dans la nuit

De plus l'affidé
Vient amenuiser
Ses denrées
Changeant son menu
Non superflu
Par un glucose inconnu

De ces repas
L'abeille ne pourra
Marcher qu'à petits pas !

INSECTES ET COMPAGNIE

Pesticide :
Puissant génocide !

Frelons d'Asie :
Leur retirent la vie !

Le tue limaces :
Détruit par masse !

Les désherbants :
S'occupent des rampants
Et de certains volants !

Les OGM :
Troublent leurs gènes !

Quant aux engrais :
À regarder de plus près !

Toute cette chimie
N'est pas une amie

Je vous souffle les mots qu'à demi !

Y VOIR DE PLUS PRÈS ! (L'IVOIRE)

Une fin atroce
Même pour les plus féroces
Des rhinocéros
Faute au négoce

Tué deux jours plus tôt
L'éléphanteau
N'a plus de mère
Pour de l'ivoire amer.

Finir en bijoux
Autour de nos cous,
Leurs défenses
Se balancent.

Dans la salle à manger
Sur les meubles lustrés,
Comment manger
Auprès des statues sculptées !

Porter sur son corps
Les bijoux de la mort,
Il faut être fort
Il n'y a pas de pires trésors
Pensez à leurs tristes sorts !

Poudre d'ivoire !!!
Là ! C'est toute une histoire !
Pour des hommes qui ont perdu leurs pouvoirs
Là ! Je demande à voir !

HISTOIRE D'Y VOIR…

Tailleurs de gadgets
Sans intérêts
Où l'ivoire blanc
Fini en pendants.
Quant aux trophées
T'en as trop fait.
Toutes ses sculptures
Sont des sépultures,
Pour vous le mal d'autrui
N'est que songe
L'histoire pourtant nous ronge
Et nous ennuie.
Pour repousser l'horreur,
Il faut éprouver de l'horreur,
Pour eux ce n'est pas le quart d'heure,
Car ils se font du beurre.
La Bête sans histoire,
Meurt pour l'ivoire.
Attention cervidés
Vous êtes bientôt visés
Situation périlleuse
Pour cette chasse non glorieuse
De cette pratique acharnée
Moitié des éléphants sont tués.
Dans le parc bien gardé
Gardiens et braconniers
Puissamment armés
Se livrent à une guerre non déclarée.

RAS LE BOL, RAS LA COQUILLE

Dans l'Océan Pacifique
Pourtant si pacifique
Les cornes d'abondance
Claironnent à la prudence
Face à notre démence.

La mer a le mal de l'Homme
Par les produits qui l'assomment.

De la Somme à la Seine
C'est toujours la même scène
Partout l'Homme sème
Sa science qui parsème

L'eau des ruisseaux
Qui jaillit des canons
Et abreuve nos sillons,
L'eau lavée à la machine
Avant d'aller captive jusqu'en Chine,
Et l'eau des machines
Qu'on parfume et qui bassine
Nos rivières qu'on assassine.

Les coquillages
Traînés au large
Quel gaspillage !

Les sabres noirs des profondeurs
Vivent leurs dernières heures
Bonus !

Même le Génie des sourciers
Ne trouvera plus d'eau potable
À mettre sur nos tables
Tout sera lessivé
C'est une réalité
Ceci n'est pas un lavage de cerveau
Je vous le chante haut
Ne cherchons pas à noyer le poisson.

NOUVELLE TENDANCE

Sur les sacoches ;
Par les anses
Ou dans les poches
Le poisson en poche
Se balance.
Nouvelle tendance
À courte cadence
Belle décadence
Sans aucune élégance.
Des porte-clefs
Pourtant laids,
Captivant et c'est navrant !
Des êtres vivants.
Poissons nageant
Étouffant !
Dans l'eau rance !
Sans aisance
Vidant leurs panses !
Quand j'y pense
On se doit de ne pas rester en transe !
Non à cette mode !
De Caen
À Fleurance
Partout en France
Ce mode de pratique
N'est pas pour nos boutiques
Et que ça file ! Poisson d'avril En plein dans le mille

HORS DE MA VUE

L'or de Garonne
L'or des torrents
Fait lever bien des vents

Or d'Afrique
Pour peu de fric
Tes ouvriers
Ratissent les graviers

Or blanc
Or jaune
Or rose

Tout, n'est pas rose
Le business garde ses portes bien closes

La grande famille ne se paie en monnaie de « singe »
Elle sait laver son linge

C'est le prix à payer
Pour voir ainsi briller
Les chaînes à nos pieds

En portant ces choses
Pensez, à autre chose
Ça vaut sont pesant d'or !

Que, tout comme eux !
Ce, qui brille n'est pas or
D'ores et déjà, je peux vous dire
Hors de ma vue
Ça va sans dire !

ÉLIXIR

Arbre de bambou
Dont je mange les bouts
Douceur, lenteur
J'aime les hauteurs…

C'est sans labeur
Que des braconniers sans cœur
Capturent mes frères et sœurs
Pour se faire du beurre.

Ces gens-là m'écœurent !

Éplorée
Je regarde mon bébé
Prisonnier
S'éloigner !

Quittant son lopin de terre
Pour un cathéter !
Soutirant leur bile
Par des tyrans
Qui eux, ne se font pas de bile !

Pour des impuissants
En quête de plaisir
Produits élixirs.

Fabrique de « quintessence »
Produit de la « démence »

Hommes puissants !
Vous n'êtes pas impuissants !

Pandas et koalas
Vous tendent les bras

C'EST MES OIGNONS

Pourtant facultatif !
L'anti-germinatif
Recouvre les patates
À en perdre la patate !

La seule logique
Question économique
C'est loin d'être comique.
Conservations !
En toutes saisons
Pour des plats à façon !
Saupoudrez de poison !

Et les oignons
Comme les caiyeux
Et c'est fâcheux
En ont plein les
trognons.

Chers marmitons,
Faîtes attention !
En préparant vos plats divins
Pour chaque festin
Tel pain !
Telle soupe !

Pour ne pas en faire un scoop
Regardez vos mets à la loupe.

AUTRE FOIE

Dans les cages
À étages

Palmipèdes en rangs serrés
Attendent la pâtée
Lacérés ils vont s'prendre une pâtée

Pour faire du chiffre
En quelques heures…
De leurs griffes
L'escarmoucheur
N'a point peur !

Et devant vous
Tous ces canards.
Au garde à vous
Vous tendent le cou.
Ce n'est point un canular.
Gare à vous…
Méfiez-vous des mulards

Trop de torpeur
Acidifie la saveur !

L'art de la table
Exige un autre foie !

Pour faire d'un foie
Un autre-foie
Comme autrefois !
Il faut le respect
D'un animal en paix

Comment peut-on se régaler
D'un animal qu'a jamais cavalé !

GIBIER DE POTENCE

Dans ce pays giboyeur
Des centaines de chasseurs
Sont en fièvre
Pour traquer le lièvre.
Du gibier
Au sanglier
Rien ne sera épargné.
Leurs besaces
Remplies de bécasses
Courbent leurs dos
Mais leur fait passer bien des maux.

Pire que des bombes
Pour les palombes.
Quant aux canards
Même sur les mares
Les coups de feu démarrent.
Et pour les biches
Y'aura d' la triche… ?
Être trop de tireurs
Est bien là votre erreur
Le gibier déserte nos campagnes à en faire peur !

REPAS DE FÊTES

Longtemps
Avant
On prépare le Réveillon
Sortie des médaillons !

Du Saint-Emilion
Au Saint-Chinian
Nous ferons pas les feignants.
Tous les crus
Seront bus.

Du saumon
À la dinde aux marrons
Les gloutons,
Auront un ventre rond
Nous ferons
Noël au balcon.

Après tant d'excès
Nous danserons devant
le buffet.

Jusqu'au mois de mai

Nous compterons la monnaie
Pour quelques jouets
Sans intérêt
Nous payons des intérêts.
et, ça sera pas un cadeau !
attention à ne pas tomber de haut

EAU PRÉCIEUSE

Tributaire
Des rivières
Et des pluies
La nappe, phréatique grandit.
Peuple d'Afrique
C'est par ces puits
Que tu survis !
Hélas ! C'est tout ton fric !
Dattiers,
Planter par milliers
Consommant l'eau
Au grand galop
Bientôt vous gagnerez le gros lot !
Gros ballot.
Hommes puissants
Tout fout le camp.
Seriez-vous indifférents
Face à l'environnement ?
Entendez-vous dans les échos,
La voix que nous portons si haut ?
Serons-nous victimes de cette insuffisance ?
Faute à la négligence !
Dans le désert
Des dromadaires
T'appellent à cesser
Ces idées suicidaires.

LA PALME D'HORREUR

Le monde sauvage
À reçu bien des hommages
Pour ces verts herbages
Que l'Homme endommage

Sur les versants
Les cris soûlants
D'orangs-outans
Agonisants
Se perdent dans les brouillards couvrants.

Cadavres d'innocents
Dans les épineux tranchants
Jonchant
Sur leur tulle blanc.

Adieu monde fascinant
De tanières végétales
Et de forêts tropicales
Pour de l'huile de palme

C'est à ces tyrans
Que l'orang-outan
Décerne la palme

Appel perçant :
Où sont les croyants ?

REQUIEM POUR REQUINS

C'est par troupes
Que des assassins
Regroupent
Dauphins et requins
Pour un rituel ancestral
Très immoral

Pour raisons vagues
Ils éventrent les squales
Qui divaguent
Dans l'océan astral

Sur leurs magrets
Sans aucun regret
Ils taillent des rhagades
Pour une baignade
Aux idées fades

Mer rouge qui t'emporte
Ou mer morte qu'importe
Ne laissons pas la déraison
Avoir raison

Dans la mousson
Tes ailerons appellent au pardon !
Cela donne le bourdon

Tuer les cétacés
Il faut cesser
Ils sont menacés !
ASSEZ

RAPATELLE

Certaines espèces
Finissent en veste
Et se paient, en espèces !

Aux côtés des guépards
Pas de hasard.
Les lézards
Finissent aux bazars
En ceintures à fraczard**

Pour vêtir quelques chameaux
Les chameaux finissent en manteaux.

Pas de pique-nique.
Du vison d'Amérique,
Pas de blouson
En vison.

Cuir de veau
Sur notre peau
Cuir de porc
Pourquoi pas, son port ?
Quant aux ânes
Que dans peau d'âne ?

Lapin, en festin
Puis en brodequin
Son poil se tisse avec le lin !

Et l'hyène,
Finirait-elle en Laine ?
Pour tisser vos bas de laine !

VOLER DANS LES PLUMES

Des braconneurs
Sans honneur
Se partagent le butin
Et ce n'est guère malin.

Dans les années 20
Cette mode bat son plein.

Deux millions d'oiseaux
Par an furent tués,
Pour habiller
De drôles d'oiseaux.
Oiseaux tués
Pour se mettre en beauté
Quelle triste vérité.
Celle-ci n'est point
brodée !

Plus de soucis
La Guinée a interdit,
Qu'on expédie au paradis
« Les oiseaux du Paradis ».

On leur tire le chapeau !
Chapeau

VITRINE DE L'ÉPOUVANTE

Au milieu des granules à poissons
Et toutes sortes de poisons
Toison blanche
Attend que l'homme se penche
Entre ces quatre planches

L'animal amuse
Et c'est bien là, la ruse !

De ces passants
La bête ne sera point retenue
De même pour les serpents

Et les tortues
Non vendues
Qu'adviendras-tu,
Petite tortue ?

Tristesse dans les cages de verre
Aux noirs revers

DDT A BORNEO

L'OMS fut couronnée
Pour une campagne de pulvérisation
Afin de sauver une nation
Le DDT est récompensé
Pour son action
C'est des moustiques qui en premier
Sont exterminés.
Puis au suivant,
De la guêpe, il n'y a aucun survivant.
Les oiseaux meurent
Plus aucuns prédateurs.
Les chenilles s'affairent
Au travail qu'elles préfèrent
Manger d'un plaisir ravageur.
Cadavres d'innocents
Deviennent nourritures des plus grands.
Geckos* empoisonnés !
Seront les proies,
Nourrissant à la fois
Chats et rats musqués.
Les chats trépassent,
Et les rats voraces
Construisent un palace.
Très résistants,
Ils ne perdent pas de temps.

FAUT QUE... LES PHOQUES

Sur les glaçons
De l'Antarctique
Les phoques pleurent leurs poupons ;
Hommes frénétiques
Munis de piques
Éventrent leurs petits sans aucun frisson.
L'Homme a perdu la raison !

Porter ces fourrures
N'est-il pas de pire parure ?
Mieux vaut l'synthétique
Qu'être coupable de cette pratique !

Ne soyez pas acteur tragique
De cette méthode hérétique,
Passer, devant les boutiques...
C'est une bonne technique.

Pensez à l'Antarctique
C'est une tactique
Très pragmatique
Pour cesser ces tueries à fric
Dont on suffoque !
Merci pour les phoques

Faut que... ça cesse !
Et pas en souplesse !
Faut que... les phoques suffoquent ?
Merci pour eux !

MARCHER A 4 PATTES !

Extermination
N'est pas pour les nations
Tous ont le droit à des rations

Trouver sa place
Se faire de glace
Cacher ses émotions
Pour freiner les explosions.

Partager ses ambitions
Pour rentrer en relation

Être vivant
On est tous fait de sang
Bon sang !
Rouge écarlate
Pour les êtres sur pattes

Marcher droit
Est un droit.
À genoux
N'est pas pour nous.

Humain
Serrons-nous la main
Animaux
Caressons leur peau

La vie est une fête
Ne marchons plus sur la tête.

L'EXODE

Les jeunes quittent leur campagne
Pour trouver une compagne
Abandonnant leur propriété
Pour d'autres priorités.
Sans congés payés
Retraite à peine assurée,
Trop de labeur
Pour peu de faveur,
Revenus juste d'aisance
Alors qu'ailleurs on gâche l'essence.
La ville et ses dépenses…
Une autre vie commence…
De gens pressés et confinés
Devant les boutiques achalandées
Les comptes d'épargne de leurs aïeux
Je tiens, à vous faire un aveu,
Faudra leur dire adieu.

L'ADOPTION

Auprès de gens compétents
Tu nous attends
Nous attendons ton arrivée
En faisant les papiers
Les formalités.
Toutes ces démarches
Qui donnent du pain sur la planche
Nous font passer des nuits blanches
Et, déjà tu marches.
Dans l'absence d'un ventre rond
C'est dans notre cœur que nous te portons.
En regardant tes petits chaussons
Je pense à ces jours trop longs !
Au côté de tes parents
Mon enfant…
Nous tisserons les liens du sang.

LES COLOMBES

Long est le chemin.
Des deux colombes

Bâtir dans des combles
Leur nid à quatre mains !

Protéger sa palombe
Par des papiers qui plombent
C'est une protection
Avec adjudication

Quant à vouloir passer devant Dieu
On ne peut pas commander les cieux !

Il n'est point choquant
Que deux amants
Veuillent adopter un enfant
Trop d'entre eux
Attendent des parents
En errant !
Et là c'est monstrueux

Colombes ou pigeons
Attendent l'oisillon
C'est comme des lions
Qu'ils les éduqueront
Et sans faire de façon.

LE NET'OYAGE !

Commandes en ligne...
Lire, entre les lignes.
Commandes sur le net,
Et faire place nette.

Un balayage !
Surprenant
De petits commerçants.
Un nettoyage
Retour au moyen âge

Vitrines virtuelles
À grandes échelles
Produits identiques
Issus de la même fabrique
Pas trop chic !
Tout ça, pour se faire du fric.
Là y a un hic !

DÉFORESTATION
(LES SCIEURS DE L'OMBRE)

Autour des arbres agonisants
Les tronçonneuses résonnent,
De cris perçants qui claironnent.

La forêt se meurt
Les arbres tremblent de peur
Et cèdent à la douleur.

Dénudés
Les arbres séculiers
Ne sont point épargnés
Les houppiers entassés
Seront brûlés.

Combien d'insectes seront prisonniers
Des flammes endiablées,
Laissant ainsi l'endroit déserté
De toute animalité.

Essence de bois précieux
Faudra leur dire Adieu.

« De cette toison sombre naîtra la blonde chevelure des blés
Et tout cela pour se faire du blé »

OBJET A 2 BALLES

Dans les halliers
Des sangliers
Ne dorment qu'à moitié.

Détonations
Aux grands frissons
Réglées, comme les aiguilles d'une montre !
Pour que la bête se montre :

Un arsenal
À 2 balles
Est déployé
Pour la tuer

Fusil à 2 balles
Tes cartouches
Touchent
La bête qui cavale !

Arrêtant l'horloge de son cœur,
Tombant de tout son poids.
Ce fut sa dernière heure,
Dans ses bois !
Chasseur, devant des grès féroces !
T'as posé ta crosse
Imposant ta loi.

Bois et danse de plein gré !
Au fond des hauts bois !

LES CHANTS DE MARS

Devant ses champs de mars
Nous ferons la grimace...
Dans les herbis
Plus de brebis.

Dans les campagnes
Moins de bétail
Pour plus de pailles.

Des céréales,
Et c'est banal,
À perte de vue
Mais ce ne sont pas de grand cru !

Des poulaillers
En tôles ondulées...
Et les menils
Deviennent des villes...

Dans les fermettes
Les pastourettes
Devant leurs fenêtres,
Attendent la retraite.

Sous l'édredon
Elles comptent les moutons.

Et rit et rond
Petites pattes à rond !

BB.BOUM

B.B.Boum !
Attend la retraite
S'replie en retraite
Mais attention aux traites !
Qui les affaiblissent de traites.

Incognito,
Tous ces gros,
Se font du lard.
Cultivent les dollars
Qui est ! Leur produit phare !
Ce n'est point un canular !

Adieux boutiques fantastiques
Qui s'font bouffer aux gros moustiques
Adieu usines
Aux nombres qui déclinent
Pour des comptes en banque qui prospèrent !
Et qui se font des pépères !
Craque boum
B.B Boum
Craque boum, Zut !
Et ! Prospère
Youpla !
Boum !
BB.Boum
N'est pas à la boum !

TÊTE DE LINOTTE

Ficelé sous la table
J'ai mal aux râbles.

Des têtes de linotte
M'ont mis les menottes

J'entends les rires de fêtes
Pour eux ce soir j'suis à la fête
On va me faire ma fête.

J'suis à l'honneur
De l'horreur.

J'attends mon triste sort.
Soudain j'm'endors...

Je prends des ailes...
Je monte au ciel...
On dessert ma cervelle !
Cela dénote !
La note :
Ce n'est point une anecdote !
Sera réglée en monnaie de singe.
En vulgaire image.

Histoire à en perdre la tête
Et qui n'a ni queue ni tête

LE COQ FRANÇAIS

Un emblème
Qui ne nous laisse point blême

Le coq de ferme
Chante d'un ton ferme
Pour ne plus que ça ferme

Comment peut-on
Laisser à l'abandon
Toutes ces pratiques
Qui ont fait notre nom
Tout ça n'est pas logique.
Devant nos richesses
Qui s'affaissent
Puis disparaissent
Notre niveau s'abaisse

Trop de cotisations
Pour moins de protection
Pour une partie de la population

Il n'y aura pas assez de rations
Pour nourrir toute la nation

Quand le virtuel
Devient habituel
Attention aux gamelles !

POURQUOI

Brûler des forêts pour l'agriculture
C'est une mauvaise procédure

Pour maintenir ses cultures
Seront déversées des couvertures de pourriture ;

Pour une unique espèce,
Les autres plantes disparaissent !

Forêts brûlées
Remplacées par des arbres étrangers
Offrant peu de ressource
À la faune indigène qui souffre !

Coteaux dégagés
Pour être colonisés

Dans les nouvelles forêts de conifères
Plus rien à faire
Elles finissent en désert vert

Il est temps de prendre de bonnes résolutions
Pour que ces milliers d'années d'évolution
Ne partent pas en fumée
Il me fallait rétorquer

Il n'y a pas de fumée sans feu !

AFFAIRE, A FAIRE

Une patente
Vous tente ?
Il faut que tu t'implantes !
Soyez tentés
D'être patenté
Être fier
De son affaire
Si vous savez y faire
Croyez-en dur comme fer

Les résultats vont vous satisfaire.

Vous n'irez plus chez « ma tante »
Déposer de la brocante.
Fini les rêves d'épouvante
Place aux voyages de tentes !

Que ce soit dans les ventes
Et dont, les mérites se vantent
Ou dans, le travail à façon.
De toute façon.
Cela vous ouvre un nouvel horizon !
Dont vous serez fier
De l'colporter à vos ptis frères.

De cette ficelle cachée,
T'en connaîtras toutes les ficelles !
Il est temps de voler de tes propres ailes !

COUCHE D'OZONE

Dégâts irréparables
Nous sommes responsables.

Activité industrielle dramatique
Pour le système atmosphérique
Dont dépend la vie !
Ne soyons pas en sursis.

Tous ces atomes nocifs
Sont décisifs.

Nous boirons la tasse
Un trou aussi vaste
Que les États-Unis
Nous sommes cuits.

Le soleil tombe
Sur le continent
À tout vent.
Les contrevents
Ont un trou béant

Ne creusons plus notre tombe
Protégeons notre terre
Contre l'effet de serre

Tout ce qu'on fait
À quoi ça sert ?
Sinon de faire !
Un effet !... d'serre !

UN POT

Ne tournons pas autour du pot
On lève son verre
On prend un pot
Devant sa feuille d'impôts.

C'est de travers
Que je m'incline
Et que j'souligne
Tous ces abus
Avec mes amis qu'ont trop bu.

Cerise sur le gâteau
Des chiffres, des mots
Qui nous donnent bien des maux
Et qui fatiguent notre cerveau.

Mille-feuilles
Illisibles
Prennent pour cible
Notre portefeuille.

Nous l'avons dans le baba
De Paris à Brest
Nous n'aurons que des restes
On se privera de l'opéra !

Les travailleurs
Ont mal au cœur
Ils connaissent la recette par cœur

Le Bavard-Roi
Tire les rois
Nous prend
Pour des glands

C'est d'un éclair
Que nous les réexpédierons
Dans leurs petits chaussons.
C'est bête comme chou !

TERRE – APPEL - TERRIENS

Soyez mes défenseurs
Face à mes détracteurs

Qui pernicieusement
M'infligent des produits toxiques
Étalant sur ma peau gangrèneusement
Engrais chimiques
Fongicides insidieux
Provoquant doucement
L'indigestion chronique
Sur mon globe précieux
Ne vous bandez pas les yeux

Toutes ces petites doses
Finiront en overdoses
Vers des regrets moroses.
Il est temps de faire une pause !

ASTRON

Aux côtés des edelweiss étalés
Je me suis allongé.
La grande ourse
Me berce de ses lumières douces
Sous le ciel illuminé.
Le roi des Pyrénées
Dernier rescapé
S'est avancé
Me dictant ce pamphlet :

J'suis le dernier survivant
Détruit par le peuple savant
J'suis le dernier survivant
Mais pour combien de temps ?

Au sommet du Tourmalet
Et du Pourtalet
Je les ai vus sur des mulets
Cachés sous leurs capulets
Et leurs noirs bérets
Chasseurs en livrée
Troupeaux et bergers
Venant nous déranger.

Dans les Pyrénées où je suis né
J'ai fait votre fierté
Sur les sommets escarpés
Ils sont venus nous chercher
Jusqu'au dernier,
Pour quelques deniers.
Il ne vous reste plus qu'à vous dessiner.

Dans les Gaves de Pau
Seront étalées nos peaux.
Au cirque de Gavarnie
Nos têtes sans vie.
En haut de la vallée d'Ossau
Vous prendrez quelques photos.
Juste au-dessus l'ourse des dieux
S'épanouit dans les cieux
Pour le plaisir de nos yeux

Texte écrit pour le centenaire de la mort d'Albert Camus (L'extermination)

ARBRE DE LA VIE

Oh ! Beau sapin !
Des hêtres coquins
Jalouse ta parure
Belle est la ramure.

Brillantes guirlandes
Forgent ta houppelande
Dessinant des drapés
Aux mille effets.

Boules de mercure
Pour que ça dure
Mais, c'est moins sûr !
S'enguirlandent
Sur les branches qui pendent
Pour être comme c'est être.
Briller de mille feux
Et la taille est d'enjeu !
Au boulot il faut les mettre.

Nombreux sujets
Aux reflets de jais.
Suspendus sur le pin
Attendent sans fin
Une croûte de pain.

Dans la boîte en pin
Avec délicatesse
Richesse ou faiblesse
Vous aurez la même fin !
Qui vous laissera sur votre faim !
En attendant pour certains êtres
Il y a encore du pain sur la planche...
À en user ses hanches.

LE MARTINET

Le jardin s'émaille de fleurs
Mais le geai querelleur
Assombrit
Le printemps endormi.

L'oiseau s'affaire
À ce qu'il sait faire !
Déplaire !
Rien d'autre à faire
Que de défaire

Surtout ne rentrez pas dans sa ronde
Le soleil luit pour tout le monde

Restons oiseaux de Dieu
C'est beaucoup mieux.

Laissons l'oiseau odieux
Ne point répondre est fastidieux.

Petit chansonnet
Rangez vos martinets.

Ce n'est pas par les bombes
Que le monde
Sauvera la mappemonde !
Laissons ces êtres immondes !

MESSAGE A L'HOMME !

Toi, le dur, le caïd
Pourrais-tu donner un peu de douceur
Car bientôt mon visage porte les rides
Et c'est par toi que j'ai vu trop d'horreur

Le noir l'emporte sur le blanc
De tes actes sombres
Tu te rends glorieux pourtant
Mais ne vois-tu pas que tu sombres ?

Si tes connaissances
Servaient pour de bonnes causes,
Tout aurait un sens !
Il est temps de te remettre en cause

Car vers toi, tout fout le camp !
Pourtant :

Il suffirait simplement d'arrêter
Le mal pour se concentrer sur le bien,
Mais l'homme préfère ses biens
Du mal, il en a fait ses liens

Il serait sage,
De vous mettre à la page
De vos séries noires,
Vous pouvez me croire !
Il faudra tourner la page !

L'HOMME

L'espèce humaine
Fait peur dans certains domaines
Les animaux
Se sont donné le mot
Du tendre au pire
Ils ne retiennent que le pire
Par un soupir
Ils nous rappellent
Que l'homme chancelle
Qu'il peut être tendre ou cruel
Mais dans sa gloire éternelle
De ses œuvres immortelles
Il ne doit pas oublier
Qu'il est mortel.

PUISSE CETTE VOIX

Un vent de folie
Tombe sur ce monde
L'égoïsme s'allie
Et la haine sournoise gronde

La terre est trop petite
Rien n'arrête les audacieux
Toujours plus vite
Ils veulent la lune et les cieux.

Pourtant l'horizon s'assombrit
Et puisse en nous se faire entendre
La voix de celui qui sourit
Du sage qui sait la comprendre.

Écoute cette voix
Qui te met sur la voie :

Il y a assez de ciel
De pain et de miel
D'eau pure
Dans la nature
Pour toutes les créatures.

PAROLES AU VENT

À vous, certains talents qui rêvez de grandeur
Et par chance ayant reçu que le don de la parole,
Critiquant le Beau et la Laideur,
Le Bien par le Mal, pour servir votre idole...

Le pire ou le meilleur ! Selon ce que vous êtes !
Même vos discours ne sont pas honnêtes.
N'ayant que du mépris pour la hargne méchante
Où souffle la tempête, nul oiseau ne chante.

C'est vers l'écueil
Que se dirige cet orgueil !
Le Bonheur serait sur Terre
Si les vents semaient de justes propos
Plutôt que des cris de guerre
Dont on entend les échos.

De ces vents
J'en ai eu vent...
Et c'est navrant.

TRISTE SOLITUDE

Pourquoi rire à la fenêtre
De certains êtres
Qui ne sont pas, peut-être
Comme vous êtes.
Plutôt que de lui faire sa fête
Donnez-lui un air de fête
Dans sa triste solitude
Éclaire-le de ta sollicitude
Fais lui oublier les folies de ce monde
Tu ressentiras une joie profonde.
La vie sera plus douce
Si la peine s'émousse.

UNE DENT CONTRE EUX

C'est grâce à Camus
Que je fus émue
Pour ces 100 ans,
Je n'ai point perdu de temps !

À ses côtés
J'ai travaillé
Guidée
Par une âme du passé

Âme du présent,
Êtes-vous présent ?

Bel instrument
N'est que la langue

Agir expressément
La planète tangue.

Pivot de la poésie,
Pouvez-vous couronner
Des phanères
Qui ne savent pas y faire ?

Et de vous, nous en serions gâtés
Pour passer
Ces mots
Qui nous donnent tant de maux

Vous vous devez
Car vous pouvez
Aider les gratte-papier
Sans vous faire supplier !

C'est ma mission
Nature et Bêtes
Ont besoin du poète
Pour ne pas qu'on regrette.

Une acceptation
Serait un plaisir
Payé d'un sourire
Et enfin d'un soupir.

Je tiens à vous dire
Que les hommes changent les mœurs
Mais de moi
Ne changeront point mon cœur.

CHARLES – LIT !

Dessins de craies,
Poupées de Peynet.

Peinture à l'eau
Pour les traits de Charlot.

Et Bécassine,
À l'encre de Chine.

Pour les Poulbots,
De simples stylos !

Quant à Tintin,
C'est du fusain.

Par le crayon
Est né le Roi Lion.

Quant à Babar,
C'est du grand art !

Tous ces traits
C'est de l'art abstrait

Peinture à l'eau
Écriture au stylo.
Nous les aimons

C'est un jargon
Que nous défendons.
Mais attention
À ne pas se mélanger les pinceaux !

Car
Drôles d'oiseaux
Sont les canards,
Le canard est déchaîné
Et va se faire voler dans les plumes,
Même sans foi
Quelques fois
Arrête ton char et LIS.
MERCI !

OH LES VACHES

Enfermées et confinées
Mais aussi inséminées
Par un type
Et du même caryotype
Elles n'ont pas le droit aux taureaux

Quant au veau
Qu'est qu'il vaut
En caisson
Sera le nourrisson
Il ne broutera pas les monts
Et point de nom
Boucles aux oreilles
Comme codes-barres

L'industriel
Nous mettra un coup de barre
De ce métier ;
Les vaches sont bien gardées
Ils auront du foin dans leurs bottes
Cela les botte
Et se feront de l'or en barre
En prodiguant cet art
Ô les vaches
En plein dans le mille

LA JUNGLE RIT

Histoire de dingue
Dans cette jungle
Quelques animaux font la loi
Tigre et lion
Sont aux abois
Les gazelles font d la rébellion
Pour quelques pignons
Ventres arrondies
Les félins n ont points de soucis
Les chevrettes amaigries
Rempliront les penses endormies
De ces fauves sans empathie
C est dans les fourrés
Que les coups fourrés
Sont infligés
Aux pauvres dépossédés
Quelques léopards
Prennent leurs parts
À dévorer
Les vertèbres
Pays giboyeur
Le roi lion
Grand prédateur
Aura toujours sa ration
Tandis que les pauvres émeuts
Brouteront les épineux
Sachez que :

Les loups ne se mangent pas entre eux
Histoire tirée par la queue

LES VENTS D'ANGES

Les vents d'anges
Par des vents étranges
Le temps des vendanges
N'a plus à faire à des anges

Fini les tailleurs
Les sécateurs
Caressant vos serments
Comme de bons amants

Pour des machines
de Chine
Ou d'ailleurs
D'ailleurs
La vigne passe un sale quart
d'heure

– Tu saurais reconnaître un bordeaux d'un bourgogne ?
– Parbleu, c'est pas les mêmes bouteilles;

Où sont les vendanges
Aux vendangeurs
À la bonne humeur
Travaillant comme des anges
Cacher sous leurs longues franges
Je vous en fais le serment
Ne perdons pas ces moments

AILES A RONDS (AILERONS)

Quelques sujets
Ont besoin dans leurs mets
D'ailes de requins
Pour faire le petit quinquin
Faire du zèle
Auprès des d'moiselles
Des milliers d'ailes
Quittent la mer pour le ciel
Laissant des troncs
Toucher les fonds
Agonisant
Au fond des océans
Tout cela ne tourne pas rond

LLB

S'abhorrer
Devant des actes de cruautés

De laisser faire
Et ne rien faire
Cela devient mon affaire

Il faut que je vous alarme
De ces drames
Qui se trame
Et dont je n'ai aucune arme

Comme Camus Albert
J'ai préféré au revolver
Ces quelques vers
Qui, j'espère
Vont vous satisfaire

Trop d'abjections
Alors je rentre en action

Vous trouverez dans mes manuscrits
Qui auraient pu être proscrits
De cruels récits

Pardonnez
Cette brutale vérité
Je sais
Que toute vérité n'est pas bonne à dire

Merci à :

Vincent Ferniot,
pour son dessin !

Natacha - Atlas
pour ses quelques mots

Amandine !...
Grande journaliste

Yoyo mon ami
pour ses dessins

Pierre Léoutre
pour la mise en page

Direction d'ouvrage :
Association « Dialoguer en poésie »
15 rue de Sardac 32700 Lectoure

http://pierre.leoutre.free.fr/dialoguerenpoesie

et avec le soutien de l'Association « Le 122 »
15 rue Jules de Sardac 32700 Lectoure

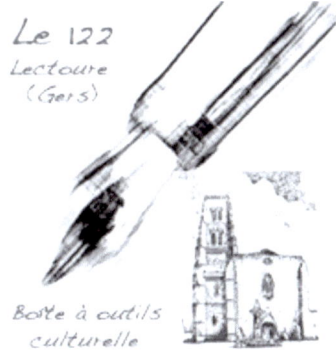

http://pierre.leoutre.free.fr

Éditeur :
Books on Demand GmbH,
12/14 rond-point des Champs Élysées,
75008 Paris, France

Impression :
Books on Demand GmbH, Norderstedt, Allemagne

ISBN : 9782322158447

Dépôt légal : juillet 2017

www.bod.fr